Johannes Reb

Weltenseelenschattenspieler

Zu diesen Gedichten:

Diese Gedichte sind in den Jahren um die Jahrtausendwende herum
entstanden, in vielfacher Hinsicht eine „andere Zeit". Dennoch klingt
etwas an, was vielleicht immer wahr ist, auch wenn sich die Tonart ändert.
Dies Hindurchklingende lässt sich nur erahnen, weil es jenseits der
Möglichkeiten der Sprachlichkeit liegt, und doch ist es Sprache, die den
Resonanzraum dafür mit poetischen Mitteln überhaupt erst herstellen
kann. Die hier in dieser Hinsicht versammelten Versuche mögen nun mit
etwas Verspätung und kleinen Erweiterungen solche Resonanzräume
andeuten.

März 2023   Johannes Reb

Johannes Reb

Weltenseelenschattenspieler

15 Gedichte

(und ein ausgeliehenes von Paul Celan)

Impressum

Bibliographische Information der deutschen Nationalbibliothek: Die deutsche Nationalbibliothek verzeichnet diese Publikation in der deutschen Nationalbibliographie. Detaillierte bibliographische Informationen sind im Internet unter: http://dnb.d-nb.de abrufbar

© 2023, Johannes Reb
Herstellung und Verlag: BoD – Books on Demand, Norderstedt
ISBN: 9783739232867

Copyright: Andreas Pernice, Bremen

Umschlag: Autor

1.Auflage März 2023

Let the spirit of wisdom open the

gates for the mystery of words

(Danke an Ran Lahav, der mir diese Widmung 20 Jahre nach Entstehung

dieser Gedichte schenkte)

Inhalt

<u>Nicht-Hier</u>

Hier wo Nicht-Hier ist

Da ohne Da-Sein

Leben in Bezügen

Und ohne Netz

Fluss, Bewegung, Ewigkeit

Welle und - Stopp.

Plötzlich. Abrupt. Halt.

Verantwortung. Entscheidung. Handlung.

Maßnahme. Ratgebung. Erziehung.

Dann: Freischwimmen ...

Schwimmen im Fluss

Angst und Abwehr

Tauchen, Tod und Untergang

Und Auferstehung

Demut und Dankbarkeit

<u>Zwischenzustand</u>

Schwebend zwischen den Zuständen.

Immer wieder Grundberührung.

Gelegentliche Verwurzelung,

dann stürmische Lösung.

‚Zweiundvierzig' sagt Deep Thought

ironische Un-Antwort für Eingeweihte.

Für uns andere: das Rätsel ungelöst,

schwebt frei im Raum

zwischen Wünschen und Anforderungen,

zwischen Aggregatzuständen

und Netzwerkinformationen.

Irgendwo dazwischen bist Du zuhause.

<u>Alles fließt, nichts bleibt</u>

Alles fließt, nichts bleibt, auch ich

Am Himmel schreien die Vögel

Das letzte Hemd hängt schon am Bügel

Und hier unten suche ich Dich

Dich, meine Tochter, Dich, Sohn

Dich, mein Weib, meinen Freund

Dich, meinen Gott ohne Thron

Dich, schwarzer Bruder, Schattenfeind

Mein Herz schlägt gegen die Brust

Mein Kopf will aus dem Gefängnis

Die Schultern, gebeugt, wenig Lust

Das Dasein scheint mein Verhängnis

Das Werkzeug ist stumpf und alt

Die Saiten matt und verstimmt

Und müde tönt es, klingt und hallt

Die Hand am Spaten, die Seele brummt

Immer wieder aufs Neue versucht

Gestürzt, verletzt, gescheitert

Und wieder gegangen, gegraben, gesucht

Und dann am Ende – vielleicht - erheitert

<u>Strandung</u>

Und wieder gestrandet

An einem Gestade

Vertrautes Land anderer

Fremdsein

In der Gewohnheit jener

Ist mir vertraut

Eigenfremdvertrautheit

Wo doch das Fremde

So unversöhnlich scheint

Werde ich geborgen

In Blicken, Fragen, Worten

Ankerplätze in Herzgewässern

Vorübergehende Heimstatt

In der Heimatlosigkeit

Eine Verneigung vor Paul Celan

Einmal, da hörte ich ihn,

da wusch er die Welt,

ungesehn, nachtlang, wirklich.

Eins und Unendlich, vernichtet,
ichten.

Licht war. Rettung.   *(Paul Celan)*

Da wusch er die Welt …

Ich träume davon

Waschzuber und Seifenlauge,

Bürste, Lappen, Trockentuch

Wärme und Wohlbehagen

Licht, Rettung, Zuhause.

Vernichtung

Von aller Gewißheit

In die unendliche Geborgenheit,

von der wir nichts wissen.

<u>Weihnachten</u>

Draußen wieder kein Schnee, leider,

heutzutage kommt der Weihnachtsmann

auch in unseren Breiten

im leichten Mantel in die Kirche.

Feierlich ist es trotzdem.

Die Herzen gerührt, die Kinder- und Elternherzen,

gespannt und aufgeregt, Erwartungsspannung.

Die Konfliktfelder sind absehbar im

Geschenkeverteilungskampf.

Der in der Zeitung beschworene Familien-Gau,

bleibt auch dies Jahr aus – strategische Festplanung!

Und mit den Jahren,

und den Kindern,

und den Lebenserfahrungen

rückt altes Konfirmandenwissen

wieder in den Sinn: Heiland-Geburt

Gott macht sich klein und lächerlich

sagt die Pastorin

er stellt sich neben unsere Ohnmacht.

Ist schon doch was dran,

nachdem einem erst das Leben

an der besserwisserischen Großhirnrinde

etwas abgeschliffen hat.

Gestärkt durch „Euch ist heute …"

geht's rein ins Getümmel, und danach

ist immer noch ein bisschen warmer, freundlicher

Friede auf Erden im Haus.

<u>He Kleiner</u>

He, Kleiner

Wo gehst du hin, da, mit dir?

Suchst du dich?

Oder läufst du vor dir davon?

Spielst verstecken mit dir?

Macht keinen Spaß, oder?

Du siehst traurig aus.

Nein, kann man nicht sehen.

Nur ahnen, wenn man sehr genau hinschaut.

Gute Tarnung.

Entschuldige, ich will dir nicht zu nahe treten.

Du wirst deine Gründe haben.

Ich möchte trotzdem so gerne verstehen.

Was ist mit dir?

Du wirkst so allein.

Es fällt mir schwer, dich zu lassen.

Bei dir zu bleiben ist auch nicht einfach,

wenn du so abtauchst.

Ich will es versuchen.

Oder willst du dass ich gehe?

trau dich doch

zu sagen was du brauchst.

Ich möchte dich verstehen.

Dichmich

<u>Kleine Zugfahrt</u>

Regentropfenfäden, diagonal

im Fahrtwindstrom am Fenster

dahinter grau und still das flache Land

Palette von Graugrün und Graugrau

kontrastlos, ohne Schärfen und Kanten

Unter mir Rauschen, Rattern, Ruckeln und Rumpeln

Das Graugrüngraugrau fliegt vorbei

Bremsen kreischen, langes Crescendo,

abruptes Finale: Stillstand. Stille.

Bahnhof. Menschen. Stimmen. Türen.

Standbild. Backstein. Parkplatz.

Weiter: vors Graugrün

Die Nässe scheint warm und einladend.

Die Tropfen am Fenster stehen still

während das Land vorbeifliegt

wie eine rasende Kulisse

und ich ohne Fortbewegung

dableibe mit den Tropfen vor den Augen

und unerwartet warmen in ihnen.

<u>Moorblumen</u>

Kinder sind wie ... sagt die Griraffe

zum Zebra, und wenn ich's schaffe

von hier bis Bebra, denn sie

sind wie freche Läuse

und Zuckermäuse

ganz auf ihre Art und Weise

herzlich, klug und herrlich weise

und in Bebra geh'n wir spazieren

vom Bahnhof aus entlang flanieren

und wir geh'n suchen nach den Kindern

den heiligsten von allen Wundern

sonst können wir nicht überwintern

Kinder sind wie ... sagt das Huhn

zum Frosch, und wenn wir's tun

hier und husch, denn sie

sind wie Humuskrumen

und zarte Moorblumen

fruchtbar bunt im Grauerlei

sprengen Hirnbeton entzwei

Giraffe, Zebra, Frosch und Huhn

Moorblumen und die Kinder:

werden's tun.

<u>Schatzkammer</u>

Die Schatzkammer, verborgen

Tief drin im Irgendwo

Des, was man Menschenseele nennt

Atlantis, Nautilus, Nirwana

Jerusalem, Berg Sinai

Der heilige Gral, das goldene Vlies

Verborgen, verborgen

Herz, Eingeweide, Hirn

Wo ist der Stein der Weisen?

Die Wahrheit dieser Lebensalchemie?

Was die Welt – oh Faustgemüt, schau nach bei dir:

Die kleine eigene Kammer, bewohnt von

Träumen, Engeln, Göttern, Worten

Birgt dir die Wahrheit seit jeher

Menschsein, seltsam Werk

Stab und Ring, Zepter und Kugel

Vatergeist und Mutterschoß

Gerades und Rundes, Außen und Innen

Mann und Frau und Yin und Yang

Oben, Unten - Seele, Geist,- Leben, Tod

und all das Dazwischen, vor allem all das

auf der Suche nach Vereinigung

Autonomie und Gerechtigkeit

Freiheit und Schaffenskraft

heruntergeholt auf die Erde, in den Staub,

und klein wird das Große

und aus dem Kleinen wächst das Große wieder

um klein zu werden: Spirale, Schneckenhaus

Menschsein, seltsam Werk

Weltenseelenschattenspieler

He, Krieg, Du Todes- und Vollendungshelfer

Du Diener all der sehnsüchtigen Seelen

Der Mächte, Führer, Wirtschaftskräfte

In Staaten, Städten, Häusern, Herzen:

Wir würden gern auf Dich verzichten!

Doch Zorn und Neid und Angst und Gier

Und Mut und Kraft und Heldentum

Sind Deine tapfren Helfershelfer.

Die große Weltenseele, in deren Pelz

Aus Wolfs- und Engelshaar wir hängen

Ist noch nicht reif von Dir zu lassen.

Auch um der Taube ‚Frieden' willen

Die, durch den Blut- und Tränenzoll belebt,

Um unsre Kopf- und Herzenskräfte wirbt

Wirst Du wohl noch gebraucht.

Weltenseelenschattenspieler beide

Wohin führt's Euch und uns wohl noch

Und wohl zu welchem Preis?

<u>Wortwandeln</u>

Eines unverhofften Abends rauscht

in die Ottersberger Bahnhofsschote

verdeckt vom Rauschen vieler Züge

der Dichter Rilke rein und lauscht.

Er neben Gottfried Benn sich setzt

zwei andere Kollegen sind auch da

von draußen rattert laut die Weltenlüge

doch drinnen hier ist niemand abgehetzt

Der alte Dachstuhl wärmt uns auf

die Dichter hör'n uns zu und schau'n

dieweil die Züge ratternd weiterfliegen

wie ihre alten Verse nehmen ihren Lauf

Wie sie, begleitet von Gitarren,

in uns ein neues, schräges Echo finden

uns immer wieder Wandlung sagen

und auf der Welt hinter dem Wort beharren.

Die Dichter hier verfolgen ihre Worte

bis tief in unsere Seelen nach

sie wollen sehen was wir dazu wagen

und neue Lager bilden an dem neuen Orte.

Wir sehen sie hier nicht, die Dichter,

wir fühlen uns geseh'n von ihren Worten

sie ziehen uns hinein in jene große Sage,

die uns seit altersher am Wege stellt die Lichter.

Der Panther und die Aster und der weiße Elephant

und all die andern Stellen, die dich seh'n

sie betten dich in eine große Wiege

entführen dich in einem jener Züge

behindern dich bei allzu platter Lüge

sie nehmen dich auf Fittichen zum Fluge

sie wenden deinen Acker mit dem Pfluge

und stürzen dich hinab in tiefe Klage

sie ärgern dich, sie werden dir zur Plage

sie quälen dich mit ungelöster Frage

und flüstern zu dir immer wieder : „wage! "

- am Ende weißt du dann: sie haben dich erkannt.